I0000480

51

Lb 2845.

963. Conservez cette couverture.

NOTE

CONCERNANT PARTICULIÈREMENT

MESSIEURS LES PAIRS ET LES DÉPUTÉS

RÉSIDANT A PARIS.

Une grande question sera décidée probablement bientôt. Parmi les différens projets qui seront soumis, il en est un dont il fallait faire connaître les principaux motifs aux personnes qu'ils concernent plus particulièrement. On a cru, à cet effet, ne pouvoir mieux faire que de leur adresser la première partie de la lettre ci-jointe. Le sacrifice de quelques minutes suffira pour leur faire reconnaître que cette communication préliminaire était indispensable, et elles se pénétreront en même temps combien il leur sera facile désormais d'éviter, sur quelque point que ce soit de notre France agricole, des désordres semblables à ceux qui viennent d'avoir lieu pour les blés dans la Charente-Inférieure. Enfin serait-il près de luire, le jour où, embrassant tous les siècles à venir et s'inspirant de ce qu'il y a de plus sacré pour les hommes en société, le législateur dira : Non, jamais plus le désespoir des mères, des sœurs, des filles et des épouses des travailleurs qui, dans leur sainte sollicitude pour elles, se livrent à de criminels excès, et s'exposent à la mort qu'ils recevront peut-être de la main de leur propre fils, sous l'habit de soldat. Ce sont MM. les pairs et les députés qui ont eux-mêmes répandu la lumière sur cette grave question. Il vaudrait mieux ne jamais proclamer de vérités en faveur de l'humanité, si jamais elles ne doivent être mises en pratique. Sous ce système parlementaire où les nations sont représentées dans une chambre, il ne faut qu'un seul homme, avec la magie de son éloquence, pour entraîner cette chambre dans la voie du bien ou du mal. Aujourd'hui encore, pour la question dont il s'agit, il suffira d'un seul homme qui répondra au dernier cri de notre conscience. Vous allez être vos propres juges, et prononcer vous mêmes si tout doit se résumer en postes avantageux, pris, cédés, repris par quelques-uns, et en paroles pour ceux qui donnent à l'État, aujourd'hui leur sueur, et demain, s'il le faut, jusqu'à la dernière goutte de leur sang.

Après douze ans d'existence avec de bons camarades, l'auteur s'est vu obligé de leur dire quelles ont été ses anciennes fonctions ; au moins ceux-là, qui le connaissent, sauront que ce n'est point pour satisfaire une sotte vanité, mais pour leur prouver seulement qu'il a quelque droit de parler subsistances et finances, qui sont toute la question traitée dans sa lettre, dont il leur donne ici la première partie.

POUR

LES BANQUES DE CRÉDIT RÉEL

ET

LE MOUVEMENT DES PRODUITS INDIGÈNES,

Accrus d'une somme égale au chiffre du Grand-Livre, pour en
être la garantie,

à la condition

D'UNE LOI DE REMBOURSEMENT DE LA DETTE PUBLIQUE,
SANS AUGMENTATION DU CAPITAL.

PAR CORRADI C***, de Bonifacio

Qui fut directeur en chef des subsistances d'un camp de 80,000 hommes, receveur-
général des finances de la Prusse occidentale, et chargé de frapper et répartir un
impôt de 10 millions de francs sur une ville conquise.

A SES CAMARADES

DES MESSAGERIES LAFFITTE, CAILLARD ET COMP.

BIBLIOTHEQUE ROYALE

I

PARIS,

De 1814 à 1839.

CORRADI C*** DE BONIFACIO,

A SES CAMARADES

DES MESSAGERIES LAFFITTE, CAILLARD ET COMP.

Parle, mais écoute !

Messieurs et chers camarades,

Vous le savez, personne dans notre position n'oserait se mettre en avant pour être utile à l'intérêt général et à ses amis sans exciter le sourire de l'incrédulité et même de l'ironie ; et pourtant vous le savez aussi, les heureuses inspirations appartiennent presque toutes aux hommes les plus obscurs. Consultant moins leur force que leur courage, soutenus par l'esprit de vérité qu'ils croient en eux, ils poursuivent leur but jusqu'à une fin dont les autres profitent plus qu'eux-mêmes. Ce ne sera donc pas vous qui serez étonnés de voir un de vos camarades, en dépit de la plus injuste prévention, se présenter dans l'arène des intérêts publics et privés, d'où il sortira triomphateur (il en a le pressentiment) si vous consentez à l'aider de vos conseils et de vos moyens tout puissans par l'union qui fait la force en toute chose.

Il s'agit d'une publicité indispensable au ralliement de tous les intéressés à la proposition adressée par votre camarade à MM. les Pairs, qui, pour meilleure preuve qu'elle n'était pas celle d'un utopiste, ont bien voulu la prendre en considération, d'après le *Moniteur* du 26 mai dernier.

La mise en loi de cette proposition, due à une inspiration financière, augmenterait de suite le mouvement des affaires, et les recettes des messageries, en attendant les chemins de fer sur les grandes lignes, où la compagnie qui nous emploie serait participante [1], malgré le précédent contraire à l'égard d'une de ses rivales, qu'elle a fait sortir de l'ornière pour entrer concurremment avec elle dans la voie des améliorations progressives [2]. Voilà notamment pour nous. Et ce qui serait encore pour nous et les amis de la France, votre camarade ne pourrait vous en donner une plus juste idée qu'en transcrivant ici la lettre que lui a écrite sur la matière l'homme de mœurs antiques, qui, ancien chef de division au ministère de la guerre et inspecteur général des finances, a laissé dans ces deux ministères des souvenirs du plus haut mérite et de la plus intègre probité :

Batignolles, 12 novembre 1838.

« A M. CORRADI C*** DE BONIFACIO.

» Monsieur,

» J'ai récemment relu avec autant de plaisir que d'intérêt

---

[1] Sa participation facultative aurait lieu parce qu'elle indiquerait un mode d'exécution qui ne serait ni l'entreprise, ni la direction, ni la régie simple ou intéressée, mais le mode le plus sûr, le plus économique et le plus moral, celui qui fut approuvé à l'unanimité par une commission du gouvernement, il y a plus de trente ans, pour une dépense annuelle de 25 millions. Sa mise en vigueur ayant été ajournée par des motifs politiques, il est encore vierge, et, tout puissant pour le bien, il attirera les capitaux que le défaut de confiance, dans les autres systèmes, fait resserrer aujourd'hui.

[2] Gli annelli della cattena che legga il cielo alla terra.

» les imprimés que vous avez fait distribuer aux chambres
» en 1819 et 1829 pour que des approvisionnemens de
» nos principaux produits susceptibles de conservation et
» rassemblés dans les années d'abondance, par des banques
» agricoles dites de crédit réel, recevant leur impulsion d'une
» banque centrale, pussent préserver le pays de la cherté et
» de l'exportation de son numéraire dans les années de di-
» sette, et servissent aussi à relever les prix de ces produits
» indigènes dont la vileté cause le découragement et la ruine
» de notre agriculture.

» Le fonds social que vous indiquez, monsieur, dans votre
» imprimé de 1829 pour le mouvement de ces banques est
» une heureuse inspiration : elle réaliserait la pensée de Na-
» poléon, qui aurait voulu qu'on trouvât le moyen de lier
» les propriétaires de la rente à la prospérité publique d'une
» manière non moins forte que les propriétaires du sol [1].
» Nul doute que cette haute pensée de l'empereur ne serait
» aussi celle du roi et de tout bon Français ; car le grand-li-
» vre reposerait alors sur une masse de richesses réelles qui,
» devenant la garantie de la dette, feraient élever progressi-
» vement à son apogée notre crédit public autrement assis
» que celui de nos voisins d'outre-mer.

» Le fonds social de ces banques de crédit réel ne pou-
» vant avoir lieu qu'au moyen d'une loi de *remboursement*
» *successif* des 5 0|0, *sans augmentation du capital*, je crois
» qu'il est nécessaire que vous soumettiez votre plan à
» MM. les ministres des finances, du commerce, des tra-
» vaux publics et de l'agriculture, pour que, si ce mode
» de libération est approuvé, il soit proposé d'écrire dans
» la loi la *condition facultative* que vous avez indiquée par
» votre imprimé de 1829 en faveur des propriétaires de cette
» rente.

---

[1] Ce vœu de Napoléon a été répété par M. Mérilhou dans la dernière
discussion à la chambre des pairs sur les 5 0|0.

» Telle est la marche que vous avez à suivre, d'après mon
» opinion, que vous m'avez demandée par votre lettre du 10
» de ce mois.

» Depuis longtemps nos agitations politiques n'auraient
» guère permis aux chambres et au gouvernement de s'oc-
» cuper d'un problème aussi grave, aussi difficile et aussi
» important que celui que vous avez heureusement résolu.

» Mais la question est en instance aujourd'hui pour les
» 5 p. 0|0. et elle y sera demain aussi pour les blés, d'après
» vos observations que la chambre des pairs a prises en con-
» sidération. Aussi je le dis hautement : je ne sache pas qu'il
» puisse y avoir rien de plus favorable à la chose publique
» que votre projet de banques de crédit réel pour la concilia-
» tion subite de tous les intérêts : la sécurité du consomma-
» mateur et du rentier, et le soulagement de l'agriculteur
» délivré d'hypothèques, ces plantes parasytes qui dévorent
» la terre.

» Je vous engage donc, Monsieur, à persister dans votre
» heureuse idée, comme l'a fait Colomb, et naguère Fulton
» dont la proposition, rejetée par une commission, causa en
» suite tant de regrets inutiles à Napoléon.

» Si vous croyez devoir publier votre projet pour qu'il soit
» connu du plus grand nombre possible de propriétaires et du
» sol et de la rente *intéressés à son adoption*, et que vous fassiez
» distribuer son exposé aux deux chambres, je vous prie
» de me compter au nombre des souscripteurs qui partici-
» peront aux frais que cette publication vous occasion-
» nerait.

» Enfin si après ce nouvel essai, vous n'aviez pas plus de
» succès qu'auparavant, vous vous consolerez par la pensée
» d'avoir rempli votre devoir de bon citoyen, et l'espoir que
» vos idées, goutées par quelqu'un plus heureux, arrive-
» ront un jour à bonne fin, et que le mérite de cette haute
» pensée d'utilité publique réjaillira sur tous les vôtres.

» Je suis loin de croire avec vous, monsieur, que mon

» opinion, sur l'utilité de votre proposition et sa facile exé-
» cution, puisse concourir au succès de vos vues patrio-
» tiques. Toutefois, comme il est possible que les fonctions
» que j'ai exercées et que l'étude que j'ai faite pendant *plus*
« *d'un demi-siècle* des auteurs qui ont écrit sur le crédit pu-
» blic, le haut commerce et l'économie politique, vous
» donnent quelques partisans dans les départemens que j'ai
» parcourus, vous pourrez faire de la présente tel usage
» que vous jugerez convenable, trop heureux si je puis faire
» partager ma manière de voir et ma conviction aux fonc-
» tionnaires avec lesquels j'ai eu des relations, et qui ont
» été à portée de connaître et mes principes et mon zèle pour
» le bien public.

» Agréez, je vous prie, monsieur, avec les vœux sincères
» que je fais pour l'adoption de votre projet, l'assurance de
» la considération très-distinguée avec laquelle je demeure
» Votre tout dévoué serviteur,
» Chevalier PETIT.
» Inspecteur-général des finances, en retraite,
» officier de la Légion-d'Honneur.

Cette opinion sur le projet de banques de crédit réel serait décisive pour vous, mes chers camarades, si vous con-
naissiez l'énergique probité du savant travailleur qui l'a don-
née. Élevé chez le célèbre Pourtalès, familiarisé dès
l'enfance avec les opérations du haut commerce et de la
banque, il avait, en l'an 5 de la république, formé avec de
riches maisons de France et ses autres amis des républiques
batave et helvétique, le vaste projet d'association pour l'é-
tablissement d'une banque centrale à Paris, où le numéraire
aurait reparu aussitôt en abondance; elle avait pour succur-
sales des comptoirs d'entrepôt, et pour auxiliaires les POSTES
ET MESSAGERIES, destinées à niveler ses caisses dans les
départemens. Ce projet, discuté à la tribune, approuvé
du gouvernement et encouragé par les journaux, fut ajourné

par des motifs politiques au moment où il allait être exécuté pour jeter les fondemens d'une prospérité que n'aurait pu procurer à la France, même exempte d'invasions, la continuation de nos victoires. Jamais depuis 89 il n'avait été fait d'aucun administrateur à la tribune législative un panégyrique aussi vrai, aussi flatteur que celui que fit M. le comte Roy le 29 mars 1822 de cet ancien directeur du contrôle central au trésor royal [1]. Qui donc votre camarade aurait-il dû consulter préférablement à ce grand citoyen sur les banques de crédit réel, cet œuvre de tous. C'est, sans doute, de pareilles banques départementale que *la Tribune* du 11 mars 1834, dans son article approbateur d'un écrit économique de M. de la Borde aide de camp du roi, disait que leurs bénéfices seraient tels qu'ils pourraient incessamment suffire à tous les besoins de l'État [2]. Alors seulement alors, vu les grandes consommations des travailleurs, on pourrait dire avec justesse de l'impôt qu'il serait comme l'atmosphère un fardeau qu'on porte et qu'on ne sent pas.

Nul doute donc que la fortune de ceux des propriétaires du sol et de la rente qui donneraient leur adhésion au projet de banque de crédit réel, les uns pour la portion de produits exposés à une mévente, les autres pour la portion de

---

[1] « Cet économiste laborieux est occupé dans la retraite à écrire l'histoire de nos finances, ouvrage en huit volumes, dont la publication est attendue avec impatience par les amis de la science comptable et de la vérité, mais redoutée par les réputations financières usurpées, les loups-cerviers de la restauration et leurs protecteurs ou adhérens, dont l'auteur analyse les opérations désastreuses avec autant de courage que de sagacité »

[2] Avant que la tribune vint au monde, on avait fait connaître en 1829 le mouvément financier de ces 86 banques. Ce journal disait vouloir ne faire connaître le sien qu'au gouvernement de son choix. C'est ainsi que, se voyant centre ce rayon qui retardait la lumière reçue est tombé dans le néant

rente exposée à une soustraction successive, nul doute, di-sons-nous que leur fortune serait bientôt doublée, et que la France belliqueuse, agricole et industrielle n'aurait jamais joui d'une plus grande gloire. Mais votre camarade l'avoue : il n'a pas vu plus celle-ci que la fortune des autres, dans son projet; il n'a vu qu'une seule chose, le plus grand bien-être de ceux qui veulent travailler et de ceux qui ne le peuvent plus.

Pour cette chose, il faut *la loi de remboursement successif*, qui est à faire.

Quant à une loi de réduction de la rente, ce serait tuer le crédit par l'arbitraire si des rentes votées par des majorités parlementaires pouvaient être réduites par d'autres majorités parlementaires. La réduction de neuf dixièmes ne paraîtrait pas plus injuste que celle d'un dixième aux cent mille tra-vailleurs qui ont de 100 à 600 francs de revenu en 5 p. 0/0. Jamais un pareil projet, qui n'a pas même pour but l'écono-mie, mais celui d'élargir la voie des dépenses[1] d'après les trois précédens ministres des finances qui veulent la réduction *forcée*[2], jamais, disons-nous, un pareil projet ne pour-rait être approuvé par le gouvernement du peuple le plus généreux de la terre, parce que c'est celui où le plus grand nombre sait le mieux tous les sacrifices qu'il fait aux jouis-sances du plus petit nombre.

---

[1] M. Duchatel a dit que l'économie de 12 millions, qui résulterait de la réduction de la rente, serait capitalisée par 300 millions pour être employée à des travaux de constructions. Pourquoi ne pas soustraire un cinquième de la rente au lieu d'un dixième, en offrant quatre francs d'intérêt inscrits en 2 0|0? L'opération n'en serait que plus sûre, pas plus immo-rale ; la capitalisation serait de 600 millions et l'économie serait la même, c'est-à-dire nulle.

[2] Nous disions *forcée* dans notre proposition à MM. les pairs, parce qu'on n'offrait que 100 francs de ce qui était coté et se vendait 108 francs. Par le projet Laffitte et Villèle, en 1824, on offrait 100 francs de ce qui était coté 100 francs. Rien de plus loyal et de plus digne de l'élite assemblée d'un grand peuple d'après les idées reçues jusqu'alors en finances.

Quant à une loi de conversion, votre camarade conçoit que les spéculateurs et surtout les gros propriétaires de 5 p. 0/0 y aient poussé de toute leur force pour réaliser au pair la nouvelle inscription de 120 fr. qu'ils recevraient alors pour chaque 5 fr. de rente emprisonnée dans le prix de 109. Cette prompte réalisation au pair serait on ne peut plus facile, parce que les convertisseurs veulent qu'à cet effet le gouvernement jette sur la place de la Bourse, la réserve de 144 millions appartenant à l'impôt pour l'amortissement du 5 p. 0/0, et qu'il mette encore au bout de ce levier tous les fonds de caisses de l'État avec les autres ressources qu'on pourra créer. Mais l'État ne devant pas une obole du capital d'une rente au-dessus du pair, votre camarade pense qu'il n'y aura jamais en France un gouvernement assez inhabile pour faire un pareil abus des fonds arrachés à l'impôt, pour enrichir un peu plus quelques-uns, en augmentant notre dette de 400 millions à inscrire à leur profit sur le *grand-livre.*

« Croyez-moi, messieurs, ne permettons pas que le *grand-* » *livre* devienne une planche aux assignats. » Pourquoi ces paroles si remarquables de M. Laffitte dans son discours du 15 juillet 1822 à la chambre des députés? Parce que la rente de cette propriété fictive et sans limite n'est point le prix de journées de travail, pas même d'un verre d'eau pour ceux qui la suent par centaines de millions ; et il n'en est pas un qui ne sache aujourd'hui que cette rente, comme toute dépense publique, vient de l'impôt, qui, avancé et reporté par le propriétaire, sur ce qu'il vend ou ce qu'il loue sous peine de n'être plus propriétaire, arrive en définitive à celui qui, ne possédant rien, ne peut le reporter que sur ses bras, sur ses veilles et son génie, sous peine de ne pas vivre. Telle est la condition, la seconde nature de l'homme dans toutes les sociétés, république ou monarchie. Aussi, après le Créateur, n'y a-t-il pas de mot plus sacré pour le législateur que celui de l'impôt qui affecte plus ou moins la créature dans son existence matérielle , suivant le plus ou moins de dépenses publiques.

Le fond de la question n'est pas dans l'égalité de l'impôt, égalité impossible tant qu'on n'atteindra que la valeur et non le prix des choses, qui est l'argent mis en mouvement, c'est-à-dire celui qui n'est pas dans le coffre de l'avare comme dans les entrailles de la terre, mais qui sert à payer les choses dont nous avons besoin. C'est ainsi que nous marcherons du connu à l'inconnu. En attendant que le progrès nous fasse mieux comprendre cette question de second ordre, nous devrons honorer l'administration qui procurera ou la diminution des dépenses publiques , synonymes de l'impôt, ou les moyens de vivre plus facilement : image d la Divinité sur la terre, elle sera mille fois bénie par ceux qui ne seront plus obligés de travailler des seize et dix-huit heures par jour dans certaines industries ; heureux encore si l'ouvrage ne vient pas à leur manquer ! Le fonds social des banques de crédit réel, appliqué uniquement aux produits de l'agriculture , a paru à votre camarade avoir résolu la question du travail et de la garantie du *grand livre*.

DES RELIGIONS POLITIQUES.

Quand on a vu ses amis[1] faits rois par une république qui défit la royauté, pour voir ensuite, avec eux, périr de misère, dans une retraite, trois cent mille compatriotes, y compris trois de ses frères, en retirant un quatrième du monceau des cadavres ; quand on a vu le fruit de tant de labeurs, de veilles, de privations et de larmes, l'or et l'argent de l'impôt, semés sur les routes glacées de Russie, pour voir ensuite engager l'industrie de nos neveux jusqu'à la dernière postérité envers l'étranger qui nous faisait la recon-

---

[1] La deuxième partie de cette lettre comprendra une note du séjour à

düite; quand on a vu tant d'or, tant de gloire inutiles contre
tant de désastres, on doit tourner ses regards supplians vers
le ciel et fouler aux pieds toutes les opinions qui n'ont point
pour but explicite le bonheur de l'humanité.

DE LA CONDITION PREMIÈRE.

Et pourquoi votre camarade ne le dirait-il pas, puisque c'est
vrai! C'est dans notre retraite de Russie que lui est venue en
pensée la condition du salut de la patrie, dont chacun alors
désespérait. Cette condition, grâce à Dieu, subsiste dans
toute sa force, et il est heureux aujourd'hui de voir que ce
qui en dérive, la raison de son projet, est d'accord avec
les plus grands penseurs, en remontant jusqu'au premier
ministre de Pharaon.

DE LA TROISIÈME ET DERNIÈRE CONDITION[1].

Il fallait toutefois la question de nouveau en instance du
5 0|0 pour la prompte solution en France du problème social
sous le rapport matériel? Quel est-il? comment se résout-il?
« Ce n'est pas le nivellement des fortunes, chose impossible,
» qui d'ailleurs ne produirait qu'une pauvreté universelle :
» c'est en les élevant toutes simultanément ; et nul autre point
» d'appui pour opérer ce mouvement d'ascension que les ri-
» chesses déjà existantes, richesses qu'on ne saurait déplacer,
» soit par la force, soit par les *lois*, sans les anéantir à l'instant.»
Tel est l'esprit qui a dicté le projet des banques provinciales ou
divisionnaires de crédit réel. Il n'est hostile qu'à l'égoïsme, aux
passions qui divisent et aux intérêts qui s'isolent pour chercher
leur satisfaction aux dépens de l'intérêt de tous. Dévoués du

---

Bonifacio en 92 et 93 d'un illustre enfant de la république, qui a décoré
de titres et de croix les noms et les poitrines de ses braves frères
d'armes.

[1] Nous dirons plus tard la deuxième condition, sans laquelle rien n'est
possible en France, ni roi ni république.

fond de nos entrailles à la France, dont nous sommes les enfans adoptifs, nous ne cesserons de rappeler la haute pensée du plus célèbre d'entre eux pour l'union des propriétaires du sol et de la rente, union qui organisera le travail et dirigera la répartition de ses fruits de manière que, sans blesser aucun intérêt légitime, ils tourneront au plus grand bien-être de tous. Ce grand modèle pour les autres peuples est facile ; il ne faut que le vouloir.

De la formation facile de la société des banques de crédit réel et de l'imprimé de 1829 intitulé LA CHAMBRE DES PAIRS ET LES MINISTRES.

Les membres des deux chambres législatives résidant à Paris sont les fondateurs de la société. (Voir les pages 16 et 23.)

La Banque de France est dépositaire des fonds de la société, vu leur immédiate abondance, d'après le projet de loi de remboursement des 5 0[0, qui, à cause de la fixité, monteraient aussitôt à 125 francs, pour ne pas dire plus. (Voir la page 17.)

L'auteur du projet n'acceptera aucun emploi salarié dans la société, et il a renoncé à toute action dite d'industrie. (Voir la page 15.)

L'imprimé de 1829 est à la disposition de MM. les pairs et les députés qui le feront demander au concierge de la rue Grenelle-Saint-Honoré, à l'hôtel des Messageries Laffitte, Caillard et comp.

Projet d'avis à insérer dans le journal de M. le pair de France BERTIN DE VAUX, dont CORRADI C*** a été le condisciple.

M.   , pair de France ou député, ayant accepté

le titre de l'un des fondateurs de la société des Banques dé-
partementales ou divisionnaires de crédit réel, a l'honneur de
prier MM. les pairs et les députés résidant à Paris de se trou-
ver le dernier dimanche du mois de février prochain, de deux
à cinq heures, chez M.   , notaire, rue   ,
pour, après y avoir entendu la lecture des statuts, imprimés
en 1825, de la société, signer l'acte de sa fondation et procé-
der aux nominations d'emplois les plus urgens afin qu'il y ait
lieu à adresser aussitôt au gouvernement et aux deux chambres la proposition à mettre en loi.

De la loi sur les blés, des journaux et du moyen.

Les journaux dont les amis politiques ne sont point ministres, disent que le gouvernement a bien agi en ne voulant
pas faire donner force à la loi, c'est-à-dire en évitant de faire
mitrailler de nombreux rassemblemens de citoyens inquiets
pour la subsistance de leur famille.

Le *Journal des Débats* dont les amis politiques sont ministres dit, dans un article raisonné sur nos ressources et le
commerce de l'intérieur, que la loi est sage et équitable ;
mais à deux conditions qu'il déclare n'être point remplies, et
qui ne le seront pas.

Or, la loi étant insuffisante, comme les précédentes et celles
qui surviendront sur la matière, en l'absence des deux conditions indiquées par les organes du pouvoir, il faut quelque
autre chose ; et cette autre chose, on l'a trouvée dans les im-
menses travaux de l'homme qui n'a fait, pour ainsi dire,

qu'un jour et une nuit de sa vie, depuis trente-six ans, dans
des recherches et des voyages qui ont procuré des documens
authentiques les plus précieux. Oui, tout travail suivi qu'ins-
pire l'amour de la patrie, sur toute chose d'utilité publique,
doit finir par porter ses fruits.

Du grand procès en instance et des améliorations.

LA DISSOLUTION.

La dissolution de la chambre des députés n'est point le
procès de l'opposition avec MM. les ministres. Elle avait été
arrêtée dans leur esprit le jour où la majorité voulut que le
gouvernement de Louis-Philippe ôtât à cent mille petits
propriétaires de 5 0[0 une partie de leur revenu en les jetant
entre une réduction et une conversion forcées par une loi
d'agiotage dite de remboursement. Voici le chapitre de la
dissolution, par M. Corradi C*** dans ses observations, que
MM. les pairs ont daigné prendre en considération dans leur
séance du 25 mai dernier : « Le Roi voudra peut-être que
» l'erreur du vote contre les petits propriétaires de 5 0[0 soit
» effacée par le renouvellement de la chambre, tout en dési-
» rant qu'aucun député ne manquât au nouvel appel; et il est
» probable que Sa Majesté ferait proposer avant la dissolution
» une loi d'indemnité mensuelle désormais pour les députés
« qui, ne recevant pas de traitement de l'État, sont plus ou
» moins affectés dans leur fortune et leurs affaires par ces
» longs et successifs déplacemens. Les députés ne verraient
» pas leur délicatesse blessée par ce vote, puisque l'indem-
» nité n'aurait lieu qu'à commencer des nouvelles élections.
» S'il en était ainsi, la loi pourrait ajouter que tout écono-
» miste jouissant de l'estime publique et possédant l'art de la
» parole serait éligible, sans égard à sa cote de contribu-

» tions. » Alors les publicistes anonymes dans les journaux
se verraient plus intéressés à signer leurs articles pour être
connus de leurs concitoyens. Dieu forma l'homme du limon
de la terre; les journaux de l'opposition et du ministère
que formeront-ils de l'homme électeur? Ils n'auraient pas
même le pouvoir d'en faire sortir aujourd'hui, s'il ne
payait le cens électoral, celui dont la parole divine est
le fondement de toutes les sociétés européennes. Celui-là
serait aussi dans les indignes. Non, la dissolution n'est point
le procès de l'opposition avec les ministres. Ceux-ci s'effa-
cent dans l'opposition. Celle-là est inhérente au gouvernement représentatif. La dissolution écrite dans la charte est
le droit de la royauté pour connaître l'opinion du pays. Si
elle est faussée ce n'est pas à la presse quotidienne qu'il faut
s'en prendre, mais au vice de la loi qui l'a laissé se former
en systèmes exclusifs à l'aide desquels chaque rayon fait
accroire qu'il est centre.

DE LA ROYAUTÉ.

Gli annelli della cattena che legga il cielo alla terra, cela
veut dire, dans le langage de la France progressive, que les
améliorations, ces anneaux de la chaîne qui lie les cieux à la
terre, sont écrites dans le livre de la nature et toutes offertes
au génie de l'homme qui les révèle en travaillant sans crainte
et sans remords, jusqu'au terme de sa mission ici bas. C'est
ainsi que l'a si bien remplie celui qui, ne cessant de chercher,
a trouvé un jour, sans effort, en admirant le spectacle de la
nature, la solution de la liberté illimitée des journaux, por-
tant la vie au lieu de la mort, dans toutes les parties du corps
social. Entouré de ses amis à ses derniers momens, il dit à
l'auteur de cet écrit: « Depuis vingt ans, j'avais été convaincu
que tout gouvernement, comme toute grande chose utile,
serait impossible en France, avec le vice légal de la presse
quotidienne, toute attaque, sous les yeux des masses, et toute

16

défense sous leurs pieds. Voici la solution en une page cachetée, pour ne la faire connaître qu'en temps opportun. Bientôt tout citoyen d'un véritable mérite et tenant à sa réputation n'acceptera plus d'être ministre. Ce ne sera pas encore le moment; vous attendrez. La Chambre des députés, invitée par le roi à choisir dans son sein plusieurs ministres à la majorité de 226 voix sur 450, ne pourra jamais y parvenir. Vous attendrez encore, enfin, jusqu'à ce que la royauté se déclare elle-même impossible en France avec un pareil système. Vous respecterez ces dernières volontés; vous me le jurez ; j'emporte votre serment dans l'éternité, avec la pensée d'une amélioration salutaire pour mon pays. »

LE PROCÈS.

Oui, la plus noble de toutes les passions, celle des améliorations, est dans le cœur de tout homme de bien. Aussi ne faut-il pas s'étonner que des personnes, pouvant jouir tranquillement de leur fortune, disent à d'autres également fortunées : Vous ne resterez plus dans votre vieille routine; vous en sortirez pour concourir avec nous à qui exécutera le mieux le transport en poste des voyageurs sur toutes les routes. Mais les hommes qui ont amassé de la fortune en travaillant sont prudents. Ils ont calculé les besoins du commerce, et ce que l'administration des postes pourrait leur enlever de voyageurs; ils ont apprécié le prélèvement par la régie, non du dixième, mais des huit dixièmes de la recette nette; enfin, ils sont convenus sur l'honneur qu'il y aura entre les deux compagnies une guerre non de prix, mais d'améliorations dont le public sera juge, en accordant sa préférence à celle qui fera mieux que l'autre.

En effet, les améliorations, dans cette honorable lutte, se succédèrent si rapidement, que bientôt la France n'aurait eu plus rien à envier à la nation la plus avancée dans ce genre

d'industrie. Malheureusement les deux grandes entreprises rivales eurent à lutter aussi contre des enfans ingrats sortis de leur sein, et qui, avec des prospectus les plus séduisans pour les bonnes gens, venaient essayer de tiercer avec elles les recettes, sans qu'elles pussent diminuer un centime de leur dépense. De là ces guerres destructives de toutes les fortunes, jusqu'a ce que la loi ait prononcé que des choses données à loyer à des personnes qui ne peuvent les vendre, sont des marchandises. La loi ne l'a pas dit; elle devrait le dire. Les hommes fortunés qui veulent conserver font des vœux pour une pareille loi qui dérouterait tous les plus habiles faiseurs. On conçoit que tous ceux-ci, qui s'enrichissent au milieu des ruines (témoin notre comte Eugène), crient au monopole, à la coalition, quand vient le moment de distribuer les bénéfices qu'ils ont promis en dépit des énormes baisses de prix, prévues et mentionnées dans leurs séduisans prospectus. On conçoit tous ces cris de leur part, alors qu'ils voudraient vivre encore quelques jours de plus avec leurs fournisseurs.

Mais ce qu'on ne conçoit pas, c'est que des hommes d'une réputation colossale non usurpée, nos Brougham français veuillent, avec leurs interprétations, dans le domaine de l'infini, que les administrateurs des postes et des messageries soient des marchands, enfin qu'il y ait une loi où il n'y en a pas, et croient pouvoir se dispenser d'en proposer une qui éviterait tous ces déplorables procès et toutes ces luttes qui retardent les améliorations dont la France devrait donner l'exemple aux autres peuples.

BATIGNOLLES-MONCEAUX. — IMPRIMERIE DE A. DESREZ,
Rue Lemercier, 24.

FRANCE

121

www.ingramcontent.com/pod-product-compliance
Lightning Source LLC
Chambersburg PA
CBHW050436210326
41520CB00019B/5959